KAAMOKSEN AIKAAN

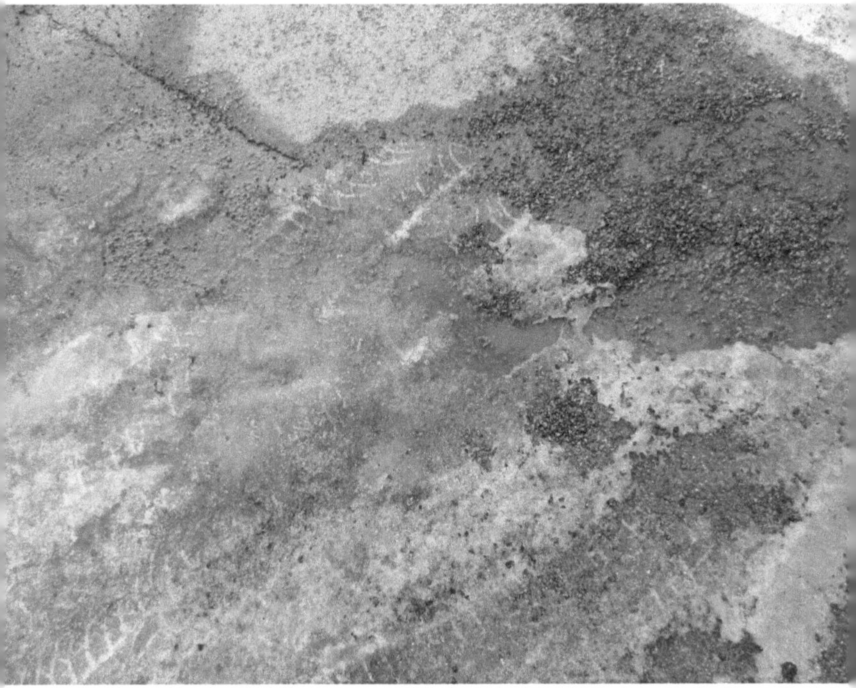

© **Ksantippa Särkinen**

Kustantaja: BoD – Books on Demand, Helsinki, Suomi
Valmistaja: BoD – Books on Demand, Norderstedt, Saksa
ISBN: 978-952-339-573-2

Aamutuimaan

Varhainen aamun tunti
huonosti nukuttu yö
takana
raskaat silmäluomet

Pimeyden valta

Pimeys
suurimman osan
valoa vain vähän
kevään odotusta

Lamppu

Kaamosväsymys

loputon uupumus

väsymys loppumaton

kaamoslampun apu

olematon

Joulukuu

Joulun odotus
talvipäivän seisaus
valon vähyys
auringon kaipaus

SADEPÄIVÄT

Pisarat poskilla
puiden oksilla
heijastaen
näkymän

YÖ

Yön tunnit
matelevat
valveilla ollen
pelkoa tuntien
painajaiset
kaukaiset
palanneet
pois hävitetyt

KAAMOKSESSA

Väsymys tai masennus
kaamos
tunnelin päässä valot
kirkkaat
kuin kevään auringon
säteet

AURINKO

Loistava

säteet maahan antava

lämpö

mielihyvä

iloisuus

positiiviset tunteet

herättää

kaikki loistoon

kimalluksellaan

TUNTEIDEN PUUTE PIMEYDESSÄ

Kaipaus
rakkauden ja hellyyden
ei vastakaikua
 toisen osapuolen
paeta tahtoo
minut jättää
mitä sitten
miten sitten
jatkuuko mikään

VANKEUS

Itse valittu
tai pakotettu
olosuhteiden vuoksi
seinät
ikkuna peitettynä
valo ei pääse sisälle
itse en pääse valoon
missä kaukana se
liekään

YÖN PIMEYS

Yön pimeys väistyy
valonkajastus
ei kauan
jälleen pimenee

REVONTULET

Revontulet räiskyvät

puolen taivaasta
peittävät

vihreää sinistä

valon loistoa

KUUTAMO

Kuutamolla

ulkona

on kuin lamput
valaisisivat

valo kimmeltää

hangella

KAAMOSRAKKAUS

Hämärän hetkellä
astui elämään
rakkauden hedelmä
puusta poimittu
täytti sydämen
polttavasti

JÄISET KADUT

Kadut jään peitossa
hiekkaa siellä täällä
liukasta
askelin varovaisin
silti lipsuen
kaatumista peläten

PILVET

Pilvet tummalla
taivaalla

sadetta ennustettu

valo vähissä

kauan sitä jo odotettu

pimeyden väistymistä

valon voittamista

kevättä

YÖN TUNTEINA

Pimeät päivät
valo vähissä
heijastavat
yön tunteja
valottomia

TÄHDET

Taivas pilvetön
tähdet tuikkivat
jossain kaukana
ulottumattomissa

ILLAN TULLEN

Aurinko ei
näyttäytynyt
päivä oli pimeä
valoisaa vain vähän
sekin sameaa
ilta musta
pelottava

SYNKKÄ MIELI

Taivas tumma
aatteet surullisina
auringon säteitä
odottaen
pilvien väistyvän
sinisen taivaan
näyttävän

HÄMÄRÄ

Hämärän rajamailla
valoa vailla
sykkii elämä
kaikesta huolimatta
pimeyteen tottuen
muutakin toivoen
sanattomasti
pyynnön lähettäen
kirkkauteen

PIMEYDEN ENKELI

Hän pahaa tahdo ei
maineen huonon sai
kunniansa menetti
vaan
uuden alun löysi
kannustusta tarvitsee
näin jatkaakseen
matka päättyä ei saa

ENKELEIDEN KANSSA

Tanssia enkeleiden
kanssa
eivät he näytä itseään
piilossa pysyvät
kun hetki koittaa
heidät tajuat
suojansa antavat
nyt ja ainiaan

KAAMOS

Polaariyö
marraskuusta alkaen
tammikuussa loppuen
masennus iskee
kuin yllätettyä vyön
alle

LUMI

Yöllä satanut
jään peittänyt
maa valkeana
kohta taas sulanut

UNI

Unen nähnyt
siitä herännyt
aamuun uuteen
päivään alkavaan

PÄIVÄN JATKUVUUS

Päivien valoisuus
hieman pidempi
pimeä väistyy
valon tieltä

KAJASTUS

Aamulla varhain
valon näyttää
nouseva aurinko
pimeyden poistaa

KAAMOKSEN KESKELLÄ

**Pimeys
jonkun mieleen
ajatukset täyttää**

KAAMOKSEN LOPPU

Vihdoin
pimeä väistyy
valo voittaa
aurinko paistaa
lämmön antaa
ja tuo kevään
tullessaan